BEI GRIN MACHT SICH IHR WISSEN BEZAHLT

Bibliografische Information der Deutschen Nationalbibliothek:

Die Deutsche Bibliothek verzeichnet diese Publikation in der Deutschen National-
bibliografie; detaillierte bibliografische Daten sind im Internet über http://dnb.d-
nb.de/ abrufbar.

Dieses Werk sowie alle darin enthaltenen einzelnen Beiträge und Abbildungen
sind urheberrechtlich geschützt. Jede Verwertung, die nicht ausdrücklich vom
Urheberrechtsschutz zugelassen ist, bedarf der vorherigen Zustimmung des Verla-
ges. Das gilt insbesondere für Vervielfältigungen, Bearbeitungen, Übersetzungen,
Mikroverfilmungen, Auswertungen durch Datenbanken und für die Einspeicherung
und Verarbeitung in elektronische Systeme. Alle Rechte, auch die des auszugsweisen
Nachdrucks, der fotomechanischen Wiedergabe (einschließlich Mikrokopie) sowie
der Auswertung durch Datenbanken oder ähnliche Einrichtungen, vorbehalten.

Impressum:

Copyright © 2013 GRIN Verlag, Open Publishing GmbH
Druck und Bindung: Books on Demand GmbH, Norderstedt Germany
ISBN: 9783668282957

Hannes Schurig

Aus der Reihe: e-fellows.net stipendiaten-wissen

e-fellows.net (Hrsg.)

Band 2096

Scriptbasierte Sicherungslösung für Windows Server 2008

GRIN Verlag

Skriptbasierte Sicherungslösung für Windows Server 2008

Hannes Schurig

Inhaltsverzeichnis

1. Einleitung

Computer sind mittlerweile aus keinem Lebensbereich mehr wegzudenken. Die zunehmende Bedeutung steigt von Jahr zu Jahr und dieser Trend scheint noch lange nicht zu enden. Durch die ansteigende Größe von Computernetzen im Geschäftsbetrieb und immer komplexeren Aufgaben, die diese Netze im Vergleich zu den letzten Jahrzenten bewältigen müssen, werden neue Systeme zur Verwaltung und Vernetzung benötigt. Diese zentralen Komponenten übernehmen vielfältige Aufgaben und müssen einer hohen Last von Anfragen standhalten. Daher ist es für alle Bereiche des Geschäftsbetriebes von großer Relevanz, dass diese Systeme speziell gewartet und gesichert werden.

Ziel der vorliegenden Arbeit ist es, den Aufbau und die Funktionsweise einer skriptbasierten Sicherungslösung für *Windows Server 2008* zu zeigen. Die Spezialisierung auf eben diese eine Serverdistribution ist dem eingegrenzten Umfang dieser Arbeit geschuldet. Aus der Wahl des Systems resultieren sowohl die verwendete Sicherungssoftware *wbadmin.exe* als auch die Skriptsprache Batch sowie die *Windows Server* Aufgabenplanung. Alle drei Komponenten der Lösung werden im Kapitel 3 detailliert erklärt. Im Kapitel 4 werden einige Beispiele zur Erweiterbarkeit erläutert. In einem abschließenden Fazit wird das entwickelte Sicherungssystem resümiert.

2. Hintergrund

Computer, die unterschiedliche Aufgaben in einem Computernetzwerk übernehmen, sogenannte Server, sind oftmals extrem leistungsstarke und hochverfügbare Rechnersysteme, die als zentrale Knoten in einem Netzwerk eingebunden sind. Sie übernehmen viele wichtige Funktionen, wie bspw. die Verbindung der Computer untereinander sowie nach außen, die Vernetzung der Computer mit weiterer Hardware – Drucker, mobile Geräte, Netzwerkkomponenten – und die Verwaltung von verschiedenen Ressourcen für alle Systeme. Die Bedeutung eines Servers nimmt mit jeder weiteren Aufgabe zu, die der Server für alle Systeme eines Netzwerks übernimmt. Ebenso steigen Fehleranfälligkeit und Belastung der Hardware, je mehr diese in Benutzung ist. In den meisten Fällen werden wichtige Geschäftsanwendungen nicht nur für Mitarbeiter bereitgestellt, sondern auch für Kunden und Geschäftspartner. Trotz vielfacher Hardwarepower, verglichen mit privaten Computern, können auch diese Systeme durch zu viel Last ausfallen. Unter Umständen kann das sowohl zur Beeinträchtigung als auch zum kompletten Ausfall des Geschäftes führen und damit hohe Umsatzeinbußen oder Imageschäden nach sich ziehen. (Vgl. TIERLING, S. 1069) Die daraus resultierende Notwendigkeit, die Hochverfügbarkeit und Ausfallsicherheit zu sichern, ist eine der zentralen Aufgaben von IT- und Netzwerkadministratoren. Die Möglichkeiten der Absicherung sind ebenso vielfältig wie die Gefahrenquellen (vgl. MÜLLER, S. 186). Je nach Größe und Komplexität des Netzwerkes können diese Maßnahmen gar keine bis sehr hohe Kosten verursachen. Eine der wesentlichen Sicherungsstrategien ist die Sicherung (Backup) des Betriebssystems. Eine darauf spezialisierte Software erkennt die für das laufende System notwendigen Daten und speichert diese in einer Form ab, die die Wiederherstellung des Systems in kurzer Zeit ermöglicht. Die Software ist abhängig von der Art und dem Umfang des Backups sowie vom Betriebssystem des Servers. Bei *Windows Server 2008* kann das Programm *wbadmin.exe* ein solches Backup erstellen.

3. Umsetzung

Die Sicherungslösung besteht aus 3 Komponenten, die miteinander verknüpft sind. Die Backup-Software *wbadmin.exe* von *Windows Server 2008* fertigt die tatsächliche Sicherung des Systems an. Ein Batch Skript ruft dieses Programm auf, bereitet zusätzlich einige Informationen auf und protokolliert diese sowie den Sicherungsvorgang. Die dritte Komponente ist die Aufgabenplanung. Diese führt das Skript abhängig von einem festen Zeitplan aus. Außerdem ermöglicht die Aufgabenplanung, die Ausführung des Sicherungsskripts an Bedingungen zu knüpfen und mit Einstellungen zu versehen.

3.1 Sicherungssoftware *wbadmin.exe*

Zum Funktionsumfang des Serverbetriebssystems *Windows Server 2008* gehört eine Software, die der Sicherung des Betriebssystems dient. Vor der ersten Benutzung muss diese Software zunächst aktiviert werden. Dazu müssen im *„Features hinzufügen"* – Assistent die *„Windows Server-Sicherungsfeatures"*, bestehend aus *„Windows Server-Sicherung"* und *„Befehlszeilentools"*, installiert und aktiviert werden. Anschließend kann die Software verwendet werden. Sie bietet verschiedene Funktionen an (s. Abbildung 1.).

Abbildung 1: Funktionsumfang von *wbadmin.exe*

```
Administrator: C:\Windows\system32\cmd.exe                          _|□| x|
C:\Users\Administrator>wbadmin.exe /?
wbadmin 1.0 - Sicherungs-Befehlszeilentool
(C) Copyright 2004 Microsoft Corp.

---- Unterstützte Befehle ----

ENABLE BACKUP              -- Aktiviert oder ändert eine geplante tägliche
                              Sicherung.
DISABLE BACKUP             -- Deaktiviert die Ausführung von geplanten
                              täglichen Sicherungen.
START BACKUP               -- Führt eine Sicherung aus.
STOP JOB                   -- Beendet die laufende Sicherung oder
                              Wiederherstellung.
GET VERSIONS               -- Listet Details über Sicherungen auf, die von
                              einem bestimmten Speicherort wiederhergestellt
                              werden können.
GET ITEMS                  -- Listet die in der Sicherung enthaltenen Elemente
                              auf.
START RECOVERY             -- Führt eine Wiederherstellung aus.
GET STATUS                 -- Gibt den Status des aktuell ausgeführten Auftrags
                              zurück.
GET DISKS                  -- Listet die Datenträger auf, die aktuell online
                              sind.
START SYSTEMSTATERECOVERY  -- Führt eine Wiederherstellung des Systemstatus
                              aus.
START SYSTEMSTATEBACKUP    -- Führt eine Sicherung des Systemstatus aus.
DELETE SYSTEMSTATEBACKUP   -- Löscht Sicherungen des Systemstatus.
```

Quelle: eigenes Bild

Der Funktionsumfang von *wbadmin.exe* umfasst das Erstellen, Verwalten und Wiederherstellen von Sicherungen. Mit dem Befehl start backup[1] können die verschiedenen Sicherungsmodi bedient werden (s. Abbildung 2).

Abbildung 2: Parameter von wbadmin start backup

```
Auswählen Administrator: C:\Windows\system32\cmd.exe                _|🗗| x|
Syntax: WBADMIN START BACKUP
        [-backupTarget:{Zielvolume | Zielnetzwerkfreigabe}]
        [-include:EinzuschließendeVolumes]
        [-allCritical]
        [-noVerify]
        [-user:Benutzername]
        [-password:Kennwort]
        [-noInheritAcl]
        [-vssFull]
        [-quiet]

Führt eine einmalige Sicherung mit den angegebenen Parametern aus. Ohne Angabe
von Optionen wird, sofern eine geplante Sicherung aktiviert ist, eine Sicherung
mit den Einstellungen für die geplante Sicherung ausgeführt. Wenn Parameter
angegeben werden, wird eine Kopiesicherung mit dem Volumeschattenkopie-Dienst
ausgeführt, ohne den Verlauf der gesicherten Dateien zu aktualisieren.
```

Quelle: eigenes Bild

Eine ausführliche Beschreibung aller Befehle wird von *Microsoft* bereitgestellt (vgl. TECHNET [online]). An dieser Stelle werden nur die Befehle kurz erläutert, die für die Sicherungslösung dieser Arbeit benötigt werden: backuptarget, include, allcritical und quiet.

Mit backuptarget wird das Ziel angegeben, wo das Backup gespeichert werden soll. Der Parameter include enthält alle Datenspeicherorte, die gesichert werden sollen. Gesichert werden können Partitionen, Ordner oder Dateien; mehrere Objekte werden mit Kommata

---

[1] Im Folgenden werden alle Parameter und Befehle klein geschrieben. Da die Konsole Groß- und Kleinschreibung ignoriert, wird dies keinen Einfluss auf das Ergebnis haben.

getrennt. `allcritical` gibt an, dass die Betriebssystempartition gesichert wird, unabhängig von den bei `include` angegebenen Objekten. Die Angabe der Systempartition bei `include` wird bei der Verwendung von `allcritical` hinfällig, kann aber trotzdem erfolgen. Als letzter Parameter verhindert `quiet`, dass Benutzer- oder Bestätigungseingaben während des Sicherungsprozesses gefordert werden.

Der vollständige Befehl für die Systemsicherung könnte wie folgt aussehen:

```
wbadmin start backup -backuptarget:X: -include:C:,D: -allcritical -quiet
```

Mit diesem Befehl wird eine sofortige Sicherung gestartet, bei der die Partitionen C, D und die Systempartition auf die Partition X gesichert werden. Dieser Vorgang startet ohne Nachfrage und wird nur durch den Abschluss oder einen Fehler beendet. Es ist keine weitere Interaktion seitens des Nutzers nötig (s. Abbildung 3: Betriebssystemsicherung mit angepasstem wbadmin Befehl.

Abbildung 3: Betriebssystemsicherung mit angepasstem wbadmin Befehl

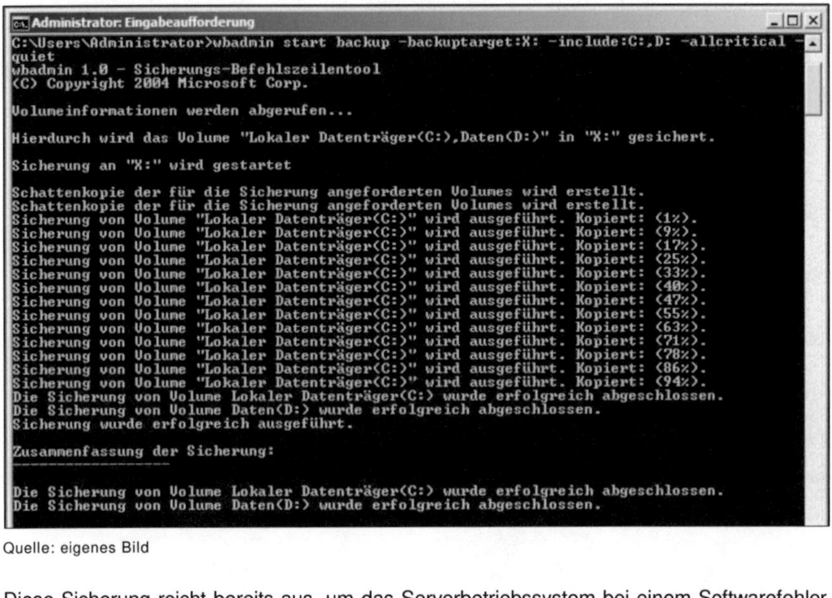

```
Administrator: Eingabeaufforderung
C:\Users\Administrator>wbadmin start backup -backuptarget:X: -include:C:,D: -allcritical -
quiet
wbadmin 1.0 - Sicherungs-Befehlszeilentool
(C) Copyright 2004 Microsoft Corp.

Volumeinformationen werden abgerufen...

Hierdurch wird das Volume "Lokaler Datenträger(C:),Daten(D:)" in "X:" gesichert.

Sicherung an "X:" wird gestartet

Schattenkopie der für die Sicherung angeforderten Volumes wird erstellt.
Schattenkopie der für die Sicherung angeforderten Volumes wird erstellt.
Sicherung von Volume "Lokaler Datenträger(C:)" wird ausgeführt. Kopiert: (1%).
Sicherung von Volume "Lokaler Datenträger(C:)" wird ausgeführt. Kopiert: (9%).
Sicherung von Volume "Lokaler Datenträger(C:)" wird ausgeführt. Kopiert: (17%).
Sicherung von Volume "Lokaler Datenträger(C:)" wird ausgeführt. Kopiert: (25%).
Sicherung von Volume "Lokaler Datenträger(C:)" wird ausgeführt. Kopiert: (33%).
Sicherung von Volume "Lokaler Datenträger(C:)" wird ausgeführt. Kopiert: (40%).
Sicherung von Volume "Lokaler Datenträger(C:)" wird ausgeführt. Kopiert: (47%).
Sicherung von Volume "Lokaler Datenträger(C:)" wird ausgeführt. Kopiert: (55%).
Sicherung von Volume "Lokaler Datenträger(C:)" wird ausgeführt. Kopiert: (63%).
Sicherung von Volume "Lokaler Datenträger(C:)" wird ausgeführt. Kopiert: (71%).
Sicherung von Volume "Lokaler Datenträger(C:)" wird ausgeführt. Kopiert: (78%).
Sicherung von Volume "Lokaler Datenträger(C:)" wird ausgeführt. Kopiert: (86%).
Sicherung von Volume "Lokaler Datenträger(C:)" wird ausgeführt. Kopiert: (94%).
Die Sicherung von Volume Lokaler Datenträger(C:) wurde erfolgreich abgeschlossen.
Die Sicherung von Volume Daten(D:) wurde erfolgreich abgeschlossen.
Sicherung wurde erfolgreich ausgeführt.

Zusammenfassung der Sicherung:
------------------

Die Sicherung von Volume Lokaler Datenträger(C:) wurde erfolgreich abgeschlossen.
Die Sicherung von Volume Daten(D:) wurde erfolgreich abgeschlossen.
```

Quelle: eigenes Bild

Diese Sicherung reicht bereits aus, um das Serverbetriebssystem bei einem Softwarefehler in wenigen Minuten wiederherzustellen. Der Prozess der Wiederherstellung übersteigt jedoch den Umfang dieser Arbeit.

3.2 Skiptsprache Batch

Die im *Windows* Bereich mittlerweile unter dem Pseudonym „Batch" bekannte Skriptsprache ist eigentlich keine Skriptsprache im herkömmlichen Sinne. Stattdessen bezeichnet „Batch" den Vorgang der Stapelverarbeitung von Befehlen durch einen Kommandozeileninterpreter. Seit *Windows NT* ist das Programm *cmd.exe* Kommandozeile und Interpreter. Es hat die Aufgabe, Benutzereingaben in einer Kommandozeile entgegenzunehmen, diese zu interpretieren und Befehle auszuführen.

Die vom Interpreter unterstützten Befehle sind vielfältig. Zudem lassen sich mehrere Befehle miteinander verbinden (s. Abb. 4). Außerdem gibt es Variablen, arithmetische Ausdrücke, Kontrollstrukturen, Sprünge und damit realisierbare Pseudo-Funktionen. Aus diesem Grund kann Batch durchaus als Skriptsprache bezeichnet werden. Früher war sogar von einer Programmiersprache die Rede; darüber lässt sich heutzutage jedoch streiten (vgl. GAß, S. 28).

Abbildung 4: Beispielbefehl in der Kommandozeile cmd.exe

Quelle: eigenes Bild

Die Sicherung des Betriebssystems wird über eine Batch Datei erfolgen. Batch Dateien sind Textdateien, die beliebig viele Befehle, allerdings immer nur 1 Befehl pro Zeile, enthalten. Diese werden mit der Dateiendung .bat versehen und somit für die Interpretation durch den Kommandozeileninterpreter markiert. Dadurch können komplexe Prozesse mit der Skriptsprache verarbeitet werden. Der nachfolgend aufgeführte Programmcode (s. Abb. 5) übernimmt folgende Aufgaben:

- Initialisieren und Setzen von Variablen
- Auslesen und Vorbereiten der IP Adresse des Servers
- Protokollieren von Informationen des Servers
- Durchführen der Sicherung

- Überprüfen auf Fehler

- Protokollieren aller relevanten Aktionen

Abbildung 5: Batch Skript zur Automatisierung der Sicherung

```
@echo on & setlocal & color 9f
REM Erweiterung: Parameterverarbeitung
set log=C:\Skripte\backup.log
set target=X:
set include=D:

for /f "skip=1 tokens=2 delims=[]" %%* in ('ping.exe -n 1 -4 %computer-
name%') do (set "IP=%%*")
for /f "tokens=1,2,3,4 delims=." %%a in ("%IP%") do set IPb1=%%a&set
IPb2=%%b&set IPb3=%%c&set IPb4=%%d

echo ########### Sicherung startet  >> %log%
echo ### Computername: %computername%  >> %log%
echo ### Datum: %date%  >> %log%
echo ### Uhrzeit: %time:~0,8%  >> %log%
echo ### Server IP: %IP%

wbadmin start backup -backuptarget:%target% -allCritical -
include:%include% -quiet >> %log%
set backuperrorlevel=%errorlevel%
if "%backuperrorlevel%"=="0" (goto end) else (goto fehler)

:fehler
echo. >> %log%
echo _____  >> %log%
echo ***************************** >> %log%
echo ***************************** >> %log%
echo  Ein Fehler ist aufgetreten!!  >> %log%
echo ***************************** >> %log%
echo ***************************** >> %log%
echo Errorlevel: %backuperrorlevel% >> %log%
echo. >> %log%

:end
REM Erweiterung: HTML Bericht erstellen
REM Erweiterung: Benachrichtigung per Mail/SMS
echo ### %computername%: %date% - %time:~0,8% >> %log%
echo ########### Errorlevel: %backuperrorlevel% >> %log%
echo. >> %log%
endlocal
```

Quelle: eigene Programmierung

Die Programmierung ist damit das wichtigste Element der Lösung. Das Skript sichert den Server und protokolliert den Verlauf sowie weitere Informationen des Servers. Der im Abschnitt 3.1 erarbeitete Befehl zur Sicherung des Servers wurde hier verwendet. Bisher ist das Skript jedoch nur manuell ausführbar und sehr grundlegend.

3.3 Aufgabenplanung

Die Aufgabenplanung ist ein fester Bestandteil aller *Windows* Betriebssysteme. Mit dieser Anwendung lassen sich Funktionen zeitlich planen, regelmäßig ausführen, mit Bedingungen und Einstellungen verknüpfen und überwachen. Das Sicherungsskript soll anhand dieses Werkzeuges automatisiert ausgeführt und überwacht werden. Eine neu erstellte Aufgabe wird anhand eines Zeitplans (s. Abb. 6) wöchentlich eine Aktion auslösen und dabei die Sicherung starten (s. Abb. 7). Angepasste Einstellungen optimieren das Verhalten der Aufgabe in bestimmten Situationen (s. Abb. 8).

Abbildung 6: Aufgabenplanung – Trigger (Zeitplan) festlegen

Quelle: eigenes Bild

Abbildung 7: Aufgabenplanung – Aktion angeben

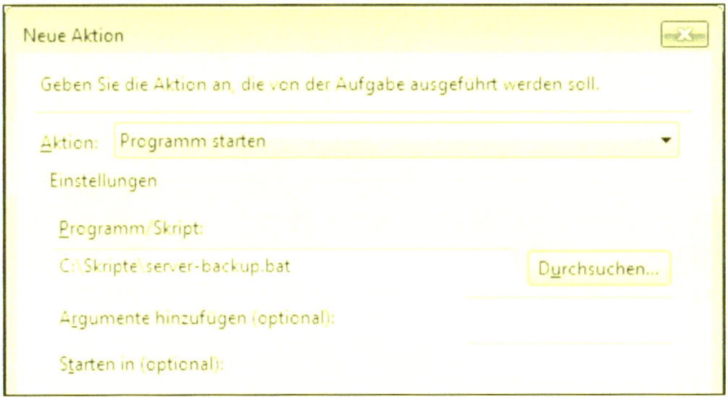

Quelle: eigenes Bild

Abbildung 8: Aufgabenplanung – Einstellungen bearbeiten

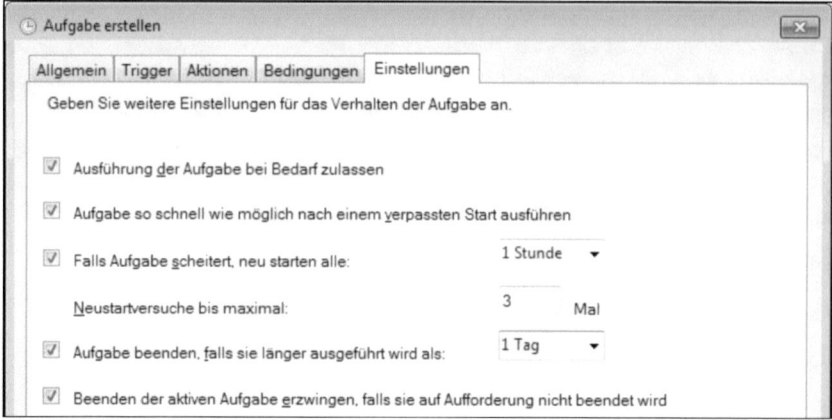

Quelle: eigenes Bild

4. Erweiterbarkeit

Dadurch, dass diese Sicherungslösung selbst programmiert ist, entsteht ein entscheidender Vorteil gegenüber kommerziellen Lösungen: Die Programmierung kann vielseitig erweitert werden. Voraussetzung ist das Beherrschen der Skriptsprache Batch. Aufbauend auf den Code von Abschnitt 3.2 sollen hier einige typische Erweiterungen kurz vorgestellt werden. Die entsprechenden Stellen der Implementierung sind im Code der Sicherungslösung ange-deutet.

E-Mail Benachrichtigung

Bei kritischen Prozessen wie einer Serversicherung sind automatische Benachrichtigungen, vor allem im Falle eines Fehlers, ausschlaggebend. E-Mail Benachrichtigungen sollten auch bei einem erfolgreichen Backup verschickt werden.

Abbildung 9: E-Mail Benachrichtigung mit wichtigen Informationen

Quelle: eigenes Bild

Bei einem Fehlschlag sollten zusätzlich sofortige Benachrichtigungen, bspw. mit Hilfe eines SMS Service, in Betracht gezogen werden.

Steuerung über Parameter

Die Flexibilität des Programms lässt sich durch die Nutzung von Parametern noch weiter erhöhen. Parameter sind zusätzliche, teils optionale Angaben, die beim Aufruf des Programms angegeben und im Programm ausgewertet werden können. Dadurch ist die Steuerung von zusätzlichen Funktionen möglich.

HTML Bericht erstellen

Die Übersichtlichkeit der Sicherung vieler Systeme lässt sich durch die Generierung bzw. Aktualisierung eines HTML Berichts erhöhen. Dieser könnte die wichtigsten Informationen farblich eindeutig und übersichtlich zusammenfassen. Ein weiterer Vorteil wäre, dass dieser Bericht online verfügbar gemacht werden kann. Der Status aller Sicherungen ließe sich somit von unterwegs über den Aufruf einer Internetadresse abgerufen.

Abbildung 10: automatisch generierter HTML Report

Quelle: eigenes Bild

5. Fazit

Es lässt sich abschließend festhalten, dass das Sicherungsprogramm selbst mit allen ange-
deuteten Erweiterungen des vorherigen Kapitels nicht mit dem Funktionsumfang professio-
neller und – fast ausschließlich – kommerzieller Software vergleichbar ist. Dies gilt auch für
die Wartbarkeit bei zunehmendem Funktionsumfang sowie der Stabilität bei ansteigender
Komplexität des Servers bzw. der IT-Infrastruktur. Das entwickelte Programm sollte ausführ-
lich an sekundären Geräten getestet werden; fehlerhafte oder halbherzig entwickelte Pro-
gramme können unter Umständen irreparable Schäden anrichten. Positiv anzumerken ist
jedoch, dass die Lösung komplett kostenlos und ohne die Installation oder Verwendung
zusätzlicher Komponenten bzw. Drittanbieter-Tools realisierbar ist. Somit bietet sie sich vor
allem für kleinere Unternehmen mit wenigen Servern an, die aus Kostengründen noch keine
Anschaffung eines professionellen Systems in Betracht ziehen.

6. Abbildungsverzeichnis

7. Quellenverzeichnis

GAß, HEINZ-PETER (1992, 2. Auflage): *Batchprogrammierung unter DOS – Ein Praxisbuch für das Erstellen von Batchprogrammen; Grundlagen, Befehle, Techniken, Beispiele.* Vaterstetten: IWT-Verlag

MÜLLER, KLAUS-RAINER (2011): *IT-Sicherheit mit System.* Vieweg+Teubner Verlag

TECHNET (2012): *Wbadmin start backup* [online]. Verfügbar unter: http://technet.microsoft.com/en-us/library/cc742083.aspx (letzter Zugriff: 28.11.2013)

TIERLING, ERIC (2009): *Windows Server 2008 – Einrichtung, Verwaltung, Referenz.* München: Addison-Wesley Verlag

BEI GRIN MACHT SICH IHR WISSEN BEZAHLT

- Wir veröffentlichen Ihre Hausarbeit,
  Bachelor- und Masterarbeit

- Ihr eigenes eBook und Buch -
  weltweit in allen wichtigen Shops

- Verdienen Sie an jedem Verkauf

Jetzt bei www.GRIN.com hochladen
und kostenlos publizieren